Rama Devi Burri

Reconhecimento de emoções em tweets textuais através de algoritmos de aprendizagem automática

Rama Devi Burri

Reconhecimento de emoções em tweets textuais através de algoritmos de aprendizagem automática

ScienciaScripts

Cover image: www.ingimage.com

This book is a translation from the original published under ISBN 978-620-7-47643-5.

Publisher:
Sciencia Scripts
is a trademark of
Dodo Books Indian Ocean Ltd. and OmniScriptum S.R.L publishing group

120 High Road, East Finchley, London, N2 9ED, United Kingdom
Str. Armeneasca 28/1, office 1, Chisinau MD-2012, Republic of Moldova, Europe
Printed at: see last page
ISBN: 978-620-8-19152-8

RECONHECIMENTO DE EMOÇÕES EM TWEETS TEXTUAIS ATRAVÉS DE ALGORITMOS DE APRENDIZAGEM AUTOMÁTICA

Índice

ACRÓNIMOS E ABREVIATURAS

COVID	Corona Virus Disease
SVM	Support Vector Machine
ML	Machine Learning
NLP	Natural Language Processing
TF	Term Frequency
IDF	Inverse Document Frequency
LR	Learning Rate
SGD	Stochastic Gradient Descent
VC	Voting Classifier
LSTM	Long Short-Term Memory
SE	Spatial Estimation

RESUMO

Neste projeto, propusemos um sistema de reconhecimento de emoções que reconhece as emoções nos tweets. Como as emoções desempenham um papel vital nas nossas vidas. Como podemos ver, muitas pessoas utilizam as redes sociais e usam a plataforma para muitos fins, algumas delas tweetam de uma forma positiva e outras de uma forma agressiva. A emoção e as opiniões de diferentes pessoas podem ser analisadas nos tweets para analisar a opinião pública sobre as notícias e os acontecimentos sociais que estão a ocorrer na sociedade atual. Neste projeto, ao utilizar algoritmos de aprendizagem automática, implementámos o reconhecimento de emoções classificando os tweets como positivos e negativos. Ao reconhecer estes tweets positivos e negativos, podemos identificar as emoções das pessoas e reduzir as declarações forjadas. Inicialmente, dividimos o nosso conjunto de dados em conjunto de dados de treino e de teste, que é utilizado para treinar o modelo e, comparando os dados de treino com os dados de teste, o modelo reconhece as emoções nos tweets. Utilizando os algoritmos svm e naïve bayes, classificamos o texto baseado no twitter em diferentes emoções e prevemos emojis como amor, medo, raiva, tristeza e alegria. Com base na análise de desempenho, previmos um resultado ótimo com 80% de precisão e 82% de pontuação Fl.

CAPÍTULO 1 : RECONHECIMENTO DE EMOÇÕES EM TWEETS TEXTUAIS USANDO OS ALGORITMOS SVM E NAIVE BAYES

1. INTRODUÇÃO

1.1 INTRODUÇÃO:

O reconhecimento das emoções tornou-se importante na Inteligência Artificial (IA) e nas suas aplicações numa vasta gama de domínios. Os meios de comunicação social desempenham um papel vital nas opiniões das pessoas, uma vez que cada pessoa escreve tweets de acordo com os seus interesses. Atualmente, os sítios Web de redes sociais como o Twitter geram quantidades incomensuráveis de dados estruturados, não estruturados e semi-estruturados. Um dos exemplos mais recentes é a informação sobre a COVID-19, que mostra que a desinformação nas redes sociais pode ser muito mais importante e devastadora do que uma catástrofe como uma pandemia. Precisamos de analisar para atribuir classes de sentimentos em grande escala. O Twitter oferece uma oportunidade para realizar tarefas como técnicas de PNL e modelos de ML para classificar o texto. Para desenvolver este sistema, utilizámos técnicas de pré-processamento de extração de dados, como a integração de dados, a normalização de dados, a redução de dados, a limpeza de dados e técnicas de PNL. A técnica de extração de dados é utilizada para limpar o conjunto de dados necessário. Esta técnica é utilizada para treinar o modelo com os dados necessários. A PNL é a manipulação automática da linguagem natural, como a fala e o texto, por software. Ao utilizar esta PNL, os dados são transformados num formato legível para treinar o modelo. Os comentários dos clientes também servem de feedback para os proprietários ou fabricantes. Os dados gerados desta forma são em grande quantidade e requerem uma equipa de peritos em análise para classificar o sentimento do cliente a partir dos comentários. Aqui, é apresentada a precisão de diferentes classificadores, entre os quais é escolhido o melhor classificador com a percentagem de precisão mais elevada. Alguns factores como a pontuação f1, a média, a variância, etc., também são tidos em conta para a consideração dos classificadores.

1.1 SISTEMA ACTUAL:

No sistema existente, existem algumas metodologias para o reconhecimento de emoções, como o TF-IDF e o classificador de votação, para estimar o desempenho dos classificadores ML em conjuntos de dados do Twitter. Para classificar tweets, o classificador de votação combina LR e SGD utilizando TF-IDF. Foram utilizadas muitas variantes na base de dados, mas o separador de votos é uma combinação da regressão logística e da descida do gradiente estocástico, que é o mais eficiente de todos os modelos de ML em termos de exatidão, memória, precisão e pontuação Fls.

1.2 SISTEMA PROPOSTO:

Este conjunto de dados recolhidos para análise de sentimentos tem tweets baseados numa palavra-chave, por exemplo, cybertruck. Uma vez que ambas as máquinas são treinadas utilizando a aprendizagem supervisionada e trabalham com parâmetros diferentes, foram considerados conjuntos de dados diferentes. Para extrair a opinião, em primeiro lugar, os dados são selecionados e extraídos do Twitter sob a forma de tweets. Depois de selecionar o conjunto de dados dos tweets, estes foram limpos de emoticons, sinais de pontuação desnecessários e foi criada uma base de dados para armazenar estes dados numa estrutura transformada específica. Em seguida, os dados são divididos em dois conjuntos, ou seja, o conjunto de treino e o conjunto de teste. O conjunto de treino recebeu 80% dos dados, enquanto o conjunto de teste recebeu 20% dos dados. Ao comparar estes dois conjuntos de dados, o modelo prevê as emoções nos tweets como positivas e negativas e, utilizando vários classificadores ML, calcula a pontuação Fl.

CAPÍTULO 2 : PESQUISA BIBLIOGRÁFICA

2. PESQUISA BIBLIOGRÁFICA

Anjali Deshpande e Ratnamala Paswan et al. [1] propuseram um sistema de reconhecimento de emoções. O sistema utiliza o dicionário Sent WordNet para determinar se uma determinada palavra representa um sentimento positivo, negativo ou neutro. A cada palavra é atribuída uma pontuação, dependendo da informação positiva ou negativa apresentada. Estas pontuações ajudam a classificar um tweet como positivo, negativo ou neutro. O modelo RF é construído utilizando tweets com etiquetas de emoções. Uma vez que o algoritmo RF é utilizado para resolver problemas de programação quadrática, é selecionado para construir um modelo de classificação multiclasse para a deteção de emoções. As medidas de desempenho são comparadas utilizando a exatidão, a precisão, a recordação e a pontuação f1.

C. Kariya e P. Khodke et al. [2], propuseram um sistema para dividir os tweets em positivos e negativos de acordo com a opinião pública. O sistema lida com a análise de sentimentos e inspira as empresas a definir as preferências dos clientes sobre produtos, serviços e marcas. Além disso, desempenha um papel importante na interpretação de informação sobre indústrias e empresas para as reservar na realização de análises de entidades. Saran et al. [2] estabeleceram uma análise de sentimentos extraindo o número de tweets com a ajuda de prototipagem e os resultados organizaram as opiniões dos clientes através de tweets em positivas e negativas. A sua investigação está dividida em duas fases. A primeira parte é baseada num estudo da literatura que envolve as técnicas e métodos de análise de sentimento que são utilizados atualmente. Na segunda parte, são descritas as necessidades e operações da aplicação que precedem o seu desenvolvimento.

A. Alsaeedi e M. Zubair Khan et al. [3], propuseram um sistema para dividir os tweets em positivos e negativos de acordo com a opinião pública. O sistema analisou vários tipos de análise de sentimentos que são aplicados ao conjunto de dados do Twitter e as suas conclusões. Foram comparadas as diferentes abordagens e conclusões do desempenho dos algoritmos. Foram utilizados métodos baseados em ML supervisionado, métodos baseados em léxico e métodos de conjunto. Os autores utilizaram quatro métodos: análise de sentimentos do Twitter utilizando abordagens ML supervisionadas; análise de sentimentos do Twitter utilizando abordagens de conjunto. A análise de sentimentos do Twitter está a utilizar abordagens baseadas no léxico.

Muitos investigadores têm explorado abordagens baseadas em léxicos para a classificação de emoções. Bandhakavi et al. [4] efectuaram a extração de caraterísticas baseadas nas emoções utilizando a geração de léxicos específicos de um domínio. Capturaram a associação de palavras e emoções usando um modelo de mistura de unigramas. Utilizaram tweets com etiquetas fracas para classificar as emoções. A arquitetura proposta superou outras abordagens de ponta, como a atribuição de Dirichlet latente e a informação mútua pontual. Os tweets relacionados com eventos são identificados por investigadores em tweets relacionados com a geografia [5]. Utilizaram tweets específicos de festividades locais num ano. Também identificaram diferentes parâmetros que ajudaram na descoberta de eventos. Alsinet et al. [6] analisaram tweets de domínios políticos. Afirmaram que os tweets aceites são mais fortes do que os tweets rejeitados. A deteção de rumores em tweets é efectuada através da utilização de um codificador para analisar o comportamento humano nos comentários [7].

Em [9], Xia et al. criaram o treinamento proporcional sobre a eficiência do método colaborativo em nome do arranjo do Sentimento. Eles definiram dois tipos de caraterísticas no contexto da análise de sentimentos. Em primeiro lugar, o conjunto de caraterísticas estava totalmente dependente da parte do discurso e a relação entre as palavras dependia do conjunto de caraterísticas. Em segundo lugar, os seguintes algoritmos familiares de classificação de texto: máxima entropia, máquinas de vectores de apoio e Naive Bayes. Em terceiro lugar, as seguintes estratégias de conjunto, ou seja, a combinação fixa, a combinação de meta-classificadores e a combinação ponderada. Utilizaram 5 conjuntos de dados a nível de documentos amplamente utilizados, juntamente com os 4 arena da disposição do sentimento. As experiências mostraram nesta investigação que as técnicas de conjunto são mais eficazes do que o resto dos classificadores, o que também é mostrado na nossa pesquisa que o conjunto de dois classificadores que são regressão logística e conjunto de classificadores de descida de gradiente estocástico e dão melhores resultados do que outros classificadores.

A aprendizagem profunda tem sido utilizada por muitos investigadores para classificação de imagens [10] e classificação de tweets [11]. Rustam et al. [12] apresentaram uma classificação de tweets para sentimentos de companhias aéreas americanas. O investigador aplicou um pré-processamento ao conjunto de dados. A influência de métodos de extração de caraterísticas, como TF, TF-IDF e word2vec, na precisão da classificação foi examinada. Além disso, a execução da memória de curto prazo longa (LSTM) foi estudada num determinado conjunto de dados. O investigador propõe um Classificador de Voto (VC) que ajuda a processar administrações semelhantes. O classificador de votação deve ser dependente da estimativa espacial (SE), do classificador de descida de gradiente estocástico (SGDC) e de um método de conjunto simples para obter resultados. Foram testados vários tipos de classificadores de ML com a utilização de precisão, exatidão, recordação e pontuação F1 através de métricas de trabalho. Os resultados indicam que o VC proposto é mais eficiente do que um dos actores da fase. A experiência também demonstrou que a eficiência dos estudantes de aprendizagem automática melhorou quando o TF-IDF utiliza uma caraterística de entrada.

Santos e Bayser et al. [13] examinaram uma análise de sentimento de textos curtos. Na experiência, os investigadores sugerem uma rede neural de convolução profunda em primeira mão que atinge desde o carácter até ao material ao nível da frase para realizar a análise de sentimentos de pequenos textos. Mohamed et al. [14] avaliaram uma análise de sentimento de consumidores de comida halal de mineração. Este exame preenche esta lacuna através da investigação de um exemplo irregular de 100.000 tweets sobre a gestão da comida halal. Para conduzir o exame, foi utilizado um dicionário especializado predefinido de descritores de sementes. Ao investigar os sentimentos em relação à comida halal comunicados através de meios de comunicação em rede baseados na Web, este exame acrescenta expansão e profundidade à discussão sobre uma região tão sub-representada. Uma investigação distinta reconheceu, na sua maior parte, uma estimativa positiva em relação à comida halal, enquanto os mapas geo-fundados do Twitter indicaram que a "diáspora estrita" utiliza amplamente os presentes computorizados para transmitir sobre a comida halal.

CAPÍTULO 3: ESPECIFICAÇÕES

3. ESPECIFICAÇÕES DO SISTEMA

3.1 REQUISITOS DE SOFTWARE:

- Sistema operativo : Windows 7 Ultimate ou superior.
- Linguagem de codificação : Python.
- Front-End : Python.
- Back-End : Flask

3.1.1 Python:

Python é uma linguagem comum utilizada para a programação. É utilizada para a criação de sítios Web, o desenvolvimento de software, a matemática e a programação de máquinas. Funciona em diferentes plataformas. Tem uma sintaxe básica próxima da do inglês. Pode comunicar com sistemas de bases de dados. Pode até ler e editar ficheiros. Também é utilizada para tratar grandes volumes de dados e efetuar operações matemáticas complexas.

3.1.2 Keras:

O Keras é uma biblioteca Python gratuita e de código aberto fácil de utilizar para desenvolver e avaliar modelos de aprendizagem profunda. Envolve as eficientes bibliotecas de computação numérica Theano e TensorFlow e permite-nos definir e treinar modelos de redes neurais em poucas linhas de código.

3.1.3 Numpy:

NumPy é o acrónimo de Numerical Python. É uma biblioteca que consiste em objectos de matrizes multidimensionais e numa coleção de rotinas para processar essas matrizes. Usando NumPy, operações matemáticas e lógicas em matrizes podem ser

realizado.

3.1.4 TensorFlow:

O TensorFlow é uma biblioteca Python para computação numérica rápida criada e lançada pela Google. É uma biblioteca de base que pode ser utilizada para criar modelos de Aprendizagem Profunda diretamente ou através de bibliotecas de invólucro que simplificam o processo construído sobre o TensorFlow.

3.1.5 Jupyter Notebook:

O Jupyter Notebook é uma aplicação Web de código aberto que permite criar e partilhar documentos que contêm código em tempo real, equações, visualizações e texto narrativo. As suas utilizações incluem limpeza e transformação de dados, simulação numérica, modelação estatística, visualização de dados, aprendizagem automática e muito mais.

3.1.6 Scikit-Iearn:

Scikit-Ieam é uma biblioteca python que consiste em ferramentas eficientes incorporadas para modelação estatística de classificação, regressão, redução de dimensões, etc. Para dividir os dados de treino e de teste, é utilizada a biblioteca Scikit-Ieam para classificar o resultado.

3.2 CONFIGURAÇÃO DO SISTEMA DE HARDWARE:

- Processador - P-IV
- RAM - 2 GB (min)
- Disco rígido - 40 GB
- Teclado - Teclado padrão do Windows
- Rato - Rato de dois ou três botões
- Monitor - SVGA21"

CAPÍTULO 4: METODOLOGIA

4. METODOLOGIA

4.1Visão geral do projeto:

Neste sistema proposto, a fim de extrair a opinião em primeiro lugar, todos os dados são selecionados e extraídos do Twitter sob a forma de tweets. Depois de selecionar o conjunto de dados dos tweets, estes foram limpos de emoções e sinais de pontuação desnecessários e foi criada uma base de dados para armazenar estes dados numa estrutura transformada específica. Nesta estrutura, todos os tweets transformados estão em alfabeto minúsculo e estão divididos em diferentes partes de tweets no campo específico. As palavras após a tokenização são codificadas como números inteiros ou valores de ponto flutuante para alimentar o algoritmo de aprendizagem automática. Esta prática é descrita como vectorização ou extração de caraterísticas. A biblioteca Scikit- learn oferece o vectorizador TF-IDF para converter o texto em vectores de frequência de palavras. Os dados de treino são ajustados a um classificador adequado após a extração de caraterísticas e, depois de o classificador estar suficientemente treinado, prevemos os resultados dos dados de teste utilizando o classificador e, em seguida, comparamos o valor original com o valor devolvido pelo classificador. Aqui é apresentada a precisão de diferentes classificadores, entre os quais é escolhido o melhor classificador com a percentagem de precisão mais elevada. Alguns factores como a pontuação f1, a média, a variância, etc., também são tidos em conta para a consideração dos classificadores.

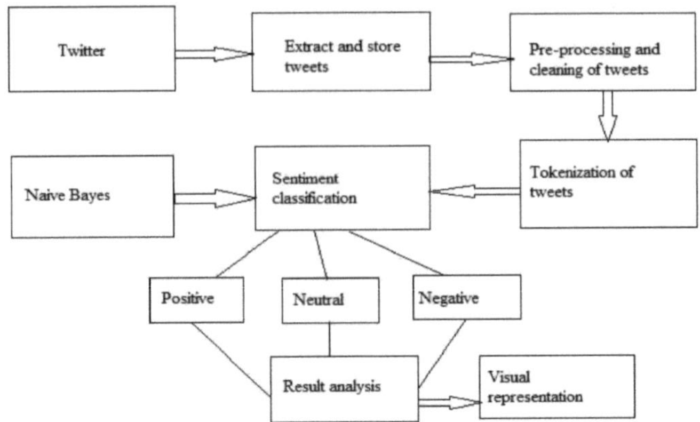

Fig: 1 Fluxo de trabalho **do reconhecimento de emoções**

4.2 Conjunto de dados:

O conjunto de dados que recolhemos do Twitter tem cerca de 31 000 tweets. Dividimos o conjunto de dados em duas secções. 80% para os dados a serem treinados e 20% para os dados a serem testados.

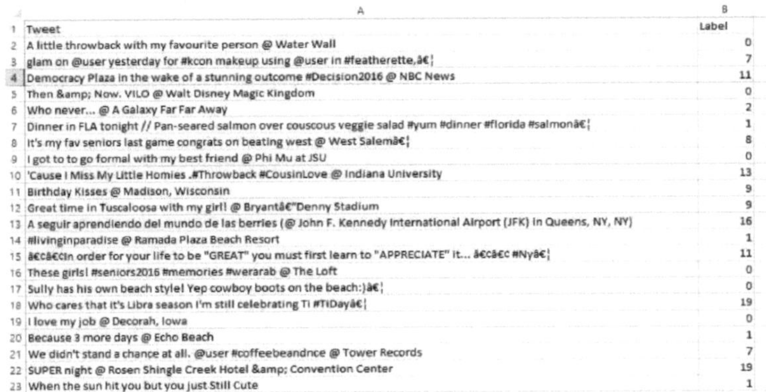

	A	B
1	Tweet	Label
2	A little throwback with my favourite person @ Water Wall	0
3	glam on @user yesterday for #kcon makeup using @user in #featherette,â€¦	7
4	Democracy Plaza in the wake of a stunning outcome #Decision2016 @ NBC News	11
5	Then & Now. VILO @ Walt Disney Magic Kingdom	0
6	Who never... @ A Galaxy Far Far Away	2
7	Dinner in FLA tonight // Pan-seared salmon over couscous veggie salad #yum #dinner #florida #salmonâ€¦	1
8	It's my fav seniors last game congrats on beating west @ West Salemâ€¦	8
9	I got to to go formal with my best friend @ Phi Mu at JSU	0
10	'Cause I Miss My Little Homies .#Throwback #CousinLove @ Indiana University	13
11	Birthday Kisses @ Madison, Wisconsin	9
12	Great time in Tuscaloosa with my girl! @ Bryantâ€"Denny Stadium	9
13	A seguir aprendiendo del mundo de las berries (@ John F. Kennedy International Airport (JFK) in Queens, NY, NY)	16
14	#livinginparadise @ Ramada Plaza Beach Resort	1
15	â€œâ€œIn order for your life to be "GREAT" you must first learn to "APPRECIATE" it... â€œâ€œ #Nyâ€¦	11
16	These girls! #seniors2016 #memories #werarab @ The Loft	0
17	Sully has his own beach style! Yep cowboy boots on the beach:)â€¦	0
18	Who cares that it's Libra season I'm still celebrating Ti #TiDayâ€¦	19
19	I love my job @ Decorah, Iowa	0
20	Because 3 more days @ Echo Beach	1
21	We didn't stand a chance at all. @user #coffeebeandnce @ Tower Records	7
22	SUPER night @ Rosen Shingle Creek Hotel & Convention Center	19
23	When the sun hit you but you just Still Cute	1

Fig: 2 Exemplo de conjunto de dados de tweets antes do pré-processamento

	A	B
1	Tweet	Label
2	a little throwback with my favourite person water wall	0
3	glam on yesterday for kcon makeup using in featheretteâ€¦	7
4	democracy plaza in the wake of a stunning outcome decision nbc news	11
5	then amp now vilo walt disney magic kingdom	0
6	who never a galaxy far far away	2
7	dinner in fla tonight panseared salmon over couscous veggie salad yum dinner florida salmonâ€¦	1
8	its my fav seniors last game congrats on beating west west salemâ€¦	8
9	i got to to go formal with my best friend phi mu at jsu	0
10	cause i miss my little homies throwback cousinlove indiana university	13
11	birthday kisses madison wisconsin	9
12	great time in tuscaloosa with my girl bryantâ€“denny stadium	9
13	a seguir aprendiendo del mundo de las berries john f kennedy international airport jfk in queens ny ny	16
14	livinginparadise ramada plaza beach resort	1
15	â€œâ€œin order for your life to be great you must first learn to appreciate it â€œâ€œ nyâ€¦	11
16	these girls seniors memories werarab the loft	0
17	sully has his own beach style yep cowboy boots on the beachâ€¦	0
18	who cares that its libra season im still celebrating ti tidayâ€¦	19
19	i love my job decorah iowa	0
20	because more days echo beach	1
21	we didnt stand a chance at all coffeebeandnce tower records	7
22	super night rosen shingle creek hotel amp convention center	19
23	when the sun hit you but you just still cute	1

Fig:3 Exemplo de conjunto de dados de tweets depois de pré-processados

CAPÍTULO 5 : VISTA DE PROJECTO

5. VISTA DE PROJECTO

5.1 DiagramasUML:

5.1.1 DIAGRAMA DE CASOS DE USO:

Os diagramas de casos de utilização são utilizados para representar o comportamento do sistema. Além disso, também apresentam todos os pormenores do sistema. Os diagramas de casos de utilização utilizam actores e casos de utilização para modelar a funcionalidade de um programa. Trata-se de uma representação gráfica para visualizar o modelo e também descreve a relação entre os casos de utilização. Um caso de utilização representa a ação executada por um ator. Um ator é a pessoa que interage com o caso de utilização.

Símbolos e notações do diagrama de casos de uso básico:

System name	System

Caso de utilização:

O caso de utilização é representado por uma forma oval. A ação realizada por um ator é descrita no caso de utilização. Marque as ovais com os verbos que representam as funções do sistema.

Ator:

Um ator é a pessoa que interage com o caso de utilização. Os actores devem ser designados por Noun.

Um ator pode ser uma pessoa, uma organização ou um sistema externo que interage com o nosso sistema.

Relações:

Ilustrar as relações com uma linha clara entre um ator e um caso de utilização. Utilizar setas marcadas com "usa" ou "estende" para as relações entre casos de utilização. Uma relação "usa" significa que um caso de utilização é exigido por outro para executar uma função. Num caso de utilização específico, uma relação "estende" implica escolhas alternativas.

Relationships

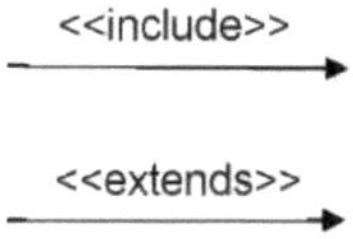

<<include>>

<<extends>>

Ligação de comunicação:

A participação de um ator num caso de utilização é indicada pela ligação de um ator a um caso de utilização através de uma ligação sólida. Os actores podem ser ligados a casos de utilização através de associações, indicando que o ator e o caso de utilização comunicam entre si através de mensagens.

Communication Link

Fig: 4 Diagrama de casos de utilização

Os diagramas de casos de utilização são compostos por casos de utilização e actores. É uma representação da interação de um utilizador com o sistema que mostra a relação entre o utilizador e os diferentes casos de utilização em que o utilizador está envolvido. Neste caso de utilização, o utilizador e o twitter são actores. Há casos de utilização em que o ator está em relação com eles.

5.1.2 DIAGRAMA DE SEQUÊNCIA:

Os diagramas de sequência definem as relações entre classes ao longo do tempo em termos de troca de mensagens. Eles também são chamados de diagramas de eventos. Um diagrama de sequência é uma boa maneira de visualizar e verificar vários cenários de tempo de execução. Isso ajudará a prever como um sistema se comportará e definirá as funções que uma classe precisará ter na modelagem de um novo programa.

Comece por utilizar um dos modelos de diagramas de sequência fornecidos com o Smart Draw. Verá que todas as notas e símbolos de que necessita estão encaixados no lado esquerdo do seu desenho. Basta carimbá-los e adicionar os símbolos ao seu sítio Web.

> Modelar o riacho e registar o seu comportamento em vários cenários.
> Verificar operações complicadas e lógicas de funções.

Símbolos e notações de diagramas de sequência básicos:

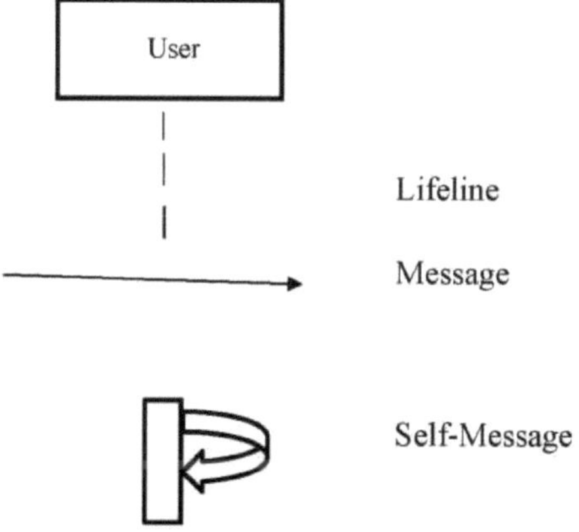

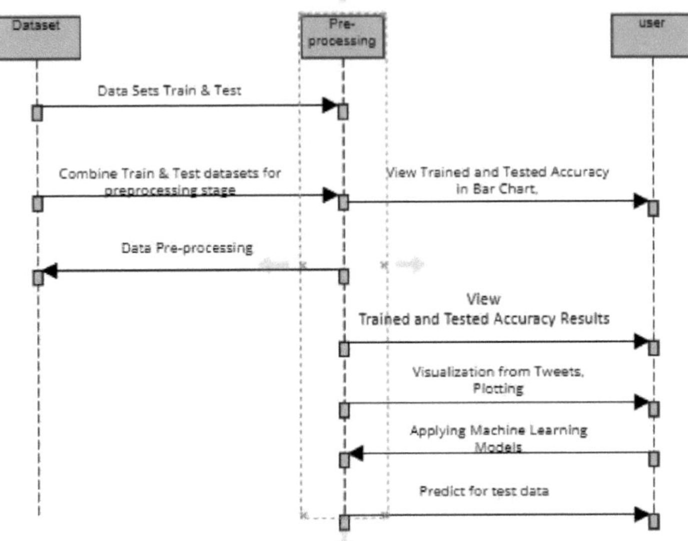

Fig: 5 Diagrama de sequência

Os diagramas de sequência são diagramas de interação que descrevem em pormenor a forma como as operações são executadas. Mostram a sequência das operações em tempo útil. O diagrama de sequência para este dispositivo é composto por objectos, nomeadamente Dataset, Pré-processamento e utilizador.

5.1.3 DIAGRAMA DE ACTIVIDADES:

Um diagrama de actividades representa visualmente, numa estrutura semelhante a um fluxograma ou a um diagrama de fluxo de dados, uma sequência de actos ou um fluxo de controlo. Para a modelação de processos empresariais, também são utilizados diagramas de operações. Também podemos explicar os passos num diagrama de casos de uso. As tarefas modeladas podem ser concorrentes e simultâneas. Em ambos os casos, um diagrama da operação teria um início e um fim.

Símbolos e notações básicas do diagrama de atividade Estado inicial ou ponto

de partida

Em qualquer diagrama de operação, um pequeno círculo preenchido seguido de uma seta representa o estado inicial da ação ou o ponto de partida. Assegurar que o ponto de partida está posicionado no canto superior esquerdo da primeira coluna do diagrama de operações que utiliza raias.

Estado da atividade ou da ação

O comportamento ininterrupto dos objectos reflecte uma condição de comportamento. No Smart, pode desenhar um estado da operação. Desenhe utilizando um retângulo de cantos arredondados.

Activity

Fluxo de ação

Fluxos de ação, também designados por arestas e caminhos. Ilustram as transições de um estado de ação para outro. Podem ser representados por uma linha com uma seta.

Action flow

Fluxo de objectos

O fluxo de objectos refere-se ao processo de criação e alteração de

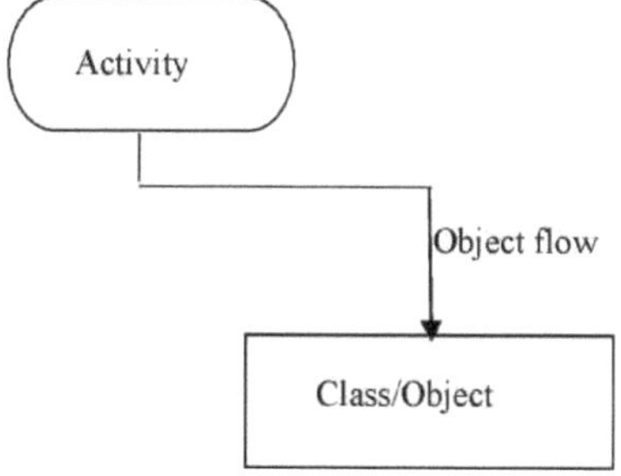

objectos. Uma seta de fluxo de objectos de uma ação para um objeto indica que a ação produz o objeto ou o afecta. Uma seta de fluxo de objectos de um objeto para uma ação indica que o objeto é utilizado no estado de ação.

O diagrama de actividades centra-se na execução e no fluxo de comportamento de um sistema, em vez da implementação, e consiste em actividades que são constituídas por acções.

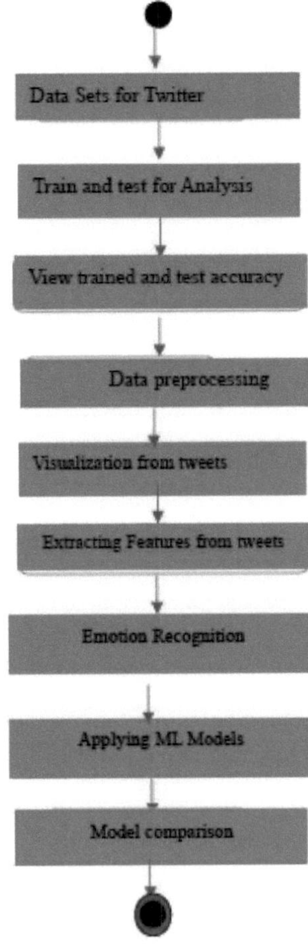

Fig: 6 Diagrama de actividades

CAPÍTULO 6 : APLICAÇÃO

6. IMPLEMENTAÇÃO

O sistema proposto pode ser desenvolvido através das seguintes etapas:

Passo-1: Extração de dados

Para extrair a opinião, em primeiro lugar, os dados são selecionados e extraídos do Twitter sob a forma de tweets. Depois de selecionar o conjunto de dados dos tweets, estes foram limpos de emoções e sinais de pontuação desnecessários e foi criada uma base de dados para armazenar estes dados numa estrutura transformada específica. Nesta estrutura, todos os tweets transformados estão em letras minúsculas e divididos em diferentes partes de tweets no domínio específico. Os pormenores das etapas adoptadas para a transformação da informação são descritos nas subsecções seguintes.

Etapa 2: Pré-processamento dos dados

Seguem-se os passos de pré-processamento que foram efectuados:

2.1 Tokenização

A tokenização é o processo de conversão de texto em tokens antes de o transformar em vectores. Também é mais fácil filtrar os tokens desnecessários. Por exemplo, um documento em parágrafos ou frases em palavras. Neste caso, estamos a converter os comentários em palavras.

2.2 Remoção de pontuações e símbolos especiais

Para além do conjunto de emoticons considerado, são removidas as pontuações e os símbolos como &,\ ,;.

2.3 Formação de tronco e lematização

As frases são sempre narradas em tempos verbais, no singular e no plural, e a maioria das palavras é acompanhada de -ing,-ed,es e ies. Por conseguinte, a extração da palavra de raiz será suficiente para identificar o sentimento subjacente ao texto.

As formas de base são o esqueleto para o stemming gramatical e a Iemmatization reduz as formas flexionais e derivacionais a formas de base comuns.

Exemplo: Cats é reduzido para cat, ponies é reduzido para pony.

A stemização é uma forma rudimentar de reduzir os termos à sua raiz, definindo apenas regras para cortar alguns caracteres no fim da palavra e, espera-se, obtém bons resultados na maioria das vezes. O objetivo de ambos, stemming e Iemmatization, é reduzir as formas flexionais e, por vezes, as formas derivacionais de uma palavra a uma forma base comum. Dito isto, StemmingZlemmatizing ajuda-nos a reduzir o número de termos gerais a certos termos "raiz".

Passo 3: Extração de caraterísticas

Os dados de texto exigem uma medida especial antes de se treinar o modelo. Após a tokenização, as palavras são codificadas como inteiros ou valores de ponto flutuante para alimentar o algoritmo de aprendizagem automática. Esta prática é descrita como vectorização ou extração de caraterísticas. A biblioteca Scikit-Ieam oferece o vectorizador TF-IDF para converter texto em vectores de frequência de palavras.

Passo-4: Ajustar os dados ao classificador e prever os dados de teste

Os dados de treino são ajustados a um classificador adequado após a extração de caraterísticas e, depois de o classificador estar suficientemente treinado, prevemos os resultados dos dados de teste utilizando o classificador e, em seguida, comparamos o valor original com o valor devolvido pelo classificador.

Etapa 5: Análise dos resultados

Aqui é apresentada a precisão de diferentes classificadores, entre os quais é escolhido o melhor classificador com a percentagem de precisão mais elevada. Alguns factores como a pontuação fl, a média, a variância, etc., também são tidos em conta para a consideração dos classificadores.

Passo-6: Representação visual

Os nossos resultados finais são apresentados sob a forma de gráficos de pizza que contêm diferentes campos, como positivo e negativo, no caso da análise de sentimentos. No caso da análise emocional. A representação pictórica é a melhor forma de transmitir informação sem grande esforço. Por isso, optámos pelos modelos ML

Aqui aplicámos vários algoritmos de aprendizagem automática. Tais como

Impulso XGB

Regressão logística

Árvore de decisão

CAPÍTULO 7 : TESTES

7. TESTE

Os testes desempenham um papel importante no ciclo de vida do desenvolvimento de software (SDLC), o que ajuda a melhorar a consistência, a fiabilidade e o desempenho do sistema, quer testando o que todas as funções do software podem fazer, quer testando se o software não está a fazer o que não se esperava que fizesse. Os testes na componente SDLC são de grande importância, pelo que é preferível implementá-los na fase inicial das fases do SDLC, de modo a ajudar a localizar as falhas na fase inicial e a evitar a identificação e a correção de erros na última fase crítica. O teste de software é uma parte importante do SDLC, mas foi negligenciado apenas por se dar prioridade à tecnologia. Se o programa tiver falhado no processo de desenvolvimento, os consumidores e as empresas começam a dar prioridade à investigação. Os testes de software começaram a ser introduzidos extensivamente no SDLC a partir de 1990. Trata-se da conceção, implementação e avaliação de testes. Verificar as medidas de qualidade do programa; as falhas podem ser encontradas na investigação. Quando estas são removidas, a consistência do programa aumenta. Testar é executar um programa com travessão de deteção de Erro / Falha e Falha. Terminologia IEEE: Uma análise das acções do programa operando em conjuntos de dados de amostra.

7.1 VISÃO GERAL DOS TESTES E DOS CASOS DE TESTE:

7.1.1 Teste de caixa preta:

A metodologia de teste sem compreender o funcionamento interno da aplicação é designada por teste de caixa negra. O testador não tem conhecimento da arquitetura do sistema e não tem acesso ao código fonte. Normalmente, um testador comunicaria com a interface do utilizador do dispositivo ao realizar um teste de caixa negra, apresentando entradas e analisando saídas sem compreender como e

quando efetuar o teste. Existem muitas técnicas de teste de caixa negra disponíveis:

a. BVA

b. PCE

c. Tabelas de decisão

d. Teste de transição de estado

7.1.2 Teste de caixa branca:

É um dos métodos de investigação que mede as estruturas e funções internas de uma aplicação, por oposição às suas caraterísticas (ou seja, investigação de caixa negra). Os testes de caixa branca também são designados por testes estruturais. A investigação de caixa branca utiliza um ponto de vista interno do dispositivo e conhecimentos de programação para construir os casos de teste. O testador seleciona entradas através do código para exercitar caminhos e decidir as saídas corretas. É como verificar os nós de um circuito, por exemplo, a verificação dentro do circuito (ICT). Os testes de caixa branca podem ser implementados ao nível da unidade do processo de teste de software, da instalação e do dispositivo. Embora os testadores convencionais pensassem que os testes de caixa branca eram efectuados ao nível da unidade, atualmente são mais frequentemente utilizados para testes de integração e de dispositivos. Isto pode testar caminhos dentro de uma entidade, caminhos entre unidades durante a integração e durante um teste a nível do sistema entre subsistemas. Embora esta abordagem de conceção de testes possa revelar muitos erros ou problemas, pode negligenciar secções não implementadas da especificação ou especificações em falta. Os métodos de validação de caixa branca fornecem os seguintes critérios para a cobertura do código:

i. Teste de fluxo de dados

ii. Teste de ramificação

iii. Cobertura da declaração

iv. Cobertura da decisão

v. Teste da via principal

vi. Teste de trajetória

7.2 CASOS DE TESTE:

Um caso de teste especifica os diferentes tipos de entradas, o procedimento de teste e as condições de execução que precisam de ser executados durante a execução do programa. Especifica o resultado esperado com base nas entradas e condições dadas. Cada caso de teste representa uma caraterística ou funcionalidade diferente do sistema. Com a ajuda dos casos de teste, um testador pode verificar o funcionamento do código e identificar o código incorreto.

7.2.1 Caso de teste-1:

Fig: 7 Resultado que mostra as emoções dos tweets positivos

É um dos casos de teste do nosso sistema. Todos os tweets são divididos em positivos e negativos após o pré-processamento dos dados. É o resultado dos tweets positivos

7.2.2 Caso de teste 2:

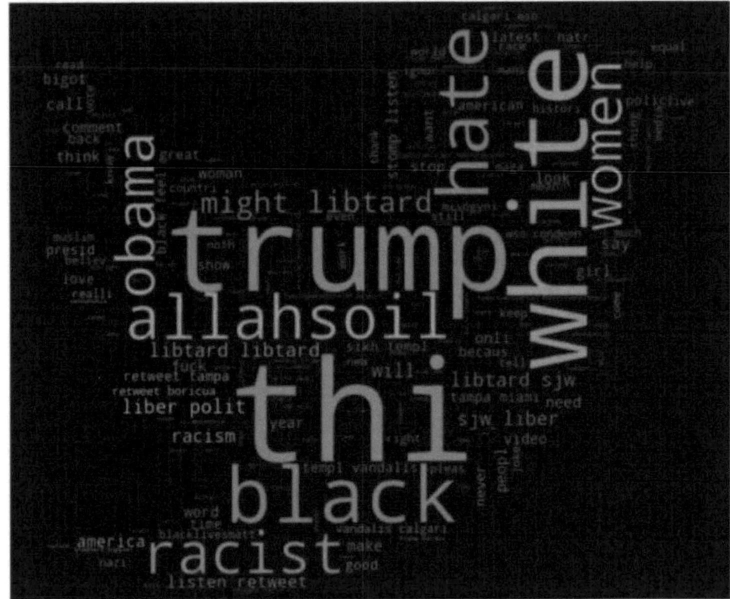

Fig: 8 Resultado que mostra as emoções dos tweets negativos

É um dos casos de teste do nosso sistema. Todos os tweets são divididos em positivos e negativos após o pré-processamento dos dados. É o resultado dos tweets negativos.

CAPÍTULO 8 : RESULTADOS E DISCUSSÃO

8. RESULTADOS E DISCUSSÃO

Depois de treinar o modelo, calculámos a pontuação Fl aplicando diferentes classificadores de aprendizagem automática. Os dados de treino são ajustados a um classificador adequado após a extração de caraterísticas e, depois de o classificador estar suficientemente treinado, prevemos os resultados dos dados de teste utilizando o classificador e, em seguida, comparamos o valor original com o valor devolvido pelo classificador. Aqui é apresentada a precisão de diferentes classificadores, entre os quais é escolhido o melhor classificador com a percentagem de precisão mais elevada. Alguns factores como a pontuação fl, a média, a variância, etc., também são tidos em conta para a consideração dos classificadores.

Fig: 9 Gráfico de comparação dos modelos de aprendizagem automática

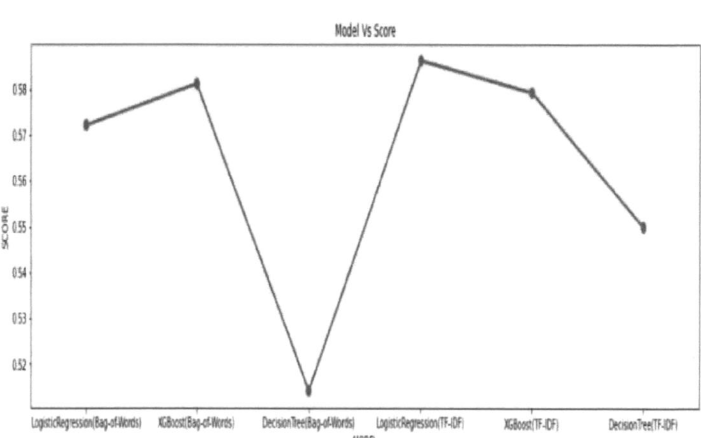

Exemplo de reconhecimento de emoções

Exemplo de reconhecimento de emoções

CAPÍTULO 9 : CONCLUSÃO

9. CONCLUSÃO

Neste livro, desenvolvemos um modelo de reconhecimento de emoções. A partir do conjunto de dados de tweets positivos e negativos do twitter são detectados, as emoções são reconhecidas usando Naïve Bayes (NB). Este modelo dá uma precisão de 82%.

CAPÍTULO 10 : REFORÇO FUTURO

10. REFORÇO FUTURO

Como este modelo se limita a reconhecer apenas algumas emoções, devido aos dados que recolhemos do Twitter. No futuro, podemos melhorar este modelo adicionando mais dois conjuntos de dados onde são detectadas mais emoções e alargar ainda mais a sua eficácia e tornar a comunicação eficiente.

REFERÊNCIAS

[1] Anjali Deshpande e Ratnamala Paswan "Real-Time Emotion Recognition of Twitter Posts Using a Hybrid Approach" (Reconhecimento de emoções em tempo real de publicações no Twitter utilizando uma abordagem híbrida), 2020.

[2] C. Kariya e P. Khodke, "Twitter sentiment analysis", em Proc. Int. Conf. Emerg. Technol. (INCET), Jun. 2020, pp. 212-216.

[3] A. Alsaeedi e M. Zubair, "A study on sentiment analysis techniques of Twitter data", Int. J. Adv. Comput. Sci. Appl., vol. 10, no. 2, pp. 361-374, 2019.

[4] A. Bandhakavi, N. Wiratunga, D. Padmanabhan e S. Massie, "Extração de caraterísticas baseadas em léxico para classificação de textos de emoção", Pattern Recognit. Lett., vol. 93, pp. 133-142, Jul. 2017.

[5] J. Capdevila, J. Cerquides, J. Nin e J. Torres, "Tweet-SCAN: Uma técnica de descoberta de eventos para tweets geo-localizados", Pattern Recognit. Lett., vol. 93, pp. 5868, Jul. 2017.

[6] T. Alsinet, J. Argelich, R. Béjar, C. Fernández, C. Mateu, e J. Planes, "Uma abordagem argumentativa para descobrir opiniões relevantes no Twitter com relações valorizadas probabilísticas", Pattern Recognit. Lett., vol. 105, pp. 191-199, Abr. 2018.

[7] W. Chen, Y. Zhang, C. K. Yeo, C. T. Lau e B. S. Lee, "Deteção de rumores não supervisionada com base nos comportamentos dos usuários usando redes neurais", Pattern Recognit. Lett., vol. 105, pp. 226-233, Abr. 2018.

[8] H. Hakh, I. Aljarah e B. Al-Shboul, "Análise de sentimentos baseada nos media sociais online para as companhias aéreas dos EUA", em New Trends in Information Technology. Amã, Jordânia: Univ. da Jordânia, abril de 2017.

[9] R. Xia, C. Zong, and S. Li, "Ensemble of feature sets and classification algorithms for sentiment classification," Inf. Sci., vol. 181, no. 6, pp. 1138-1152, Mar. 2011.

[10] M. Umer, S. Sadiq, M. Ahmad, S. Ullah, G. S. Choi e A. Mehmood, "A novel stacked CNN for malarial parasite detection in thin blood smear images",

IEEE Access, vol. 8, pp. 93782-93792, 2020.

[11] S. Sadiq, A. Mehmood, S. Ullah, M. Ahmad, G. S. Choi, e B.-W. On, "Deteção de agressão através de modelo neural profundo no Twitter", Future Gener. Comput. Syst., vol. 114, pp. 120-129, Jan. 2021.

[12] F. Rustam, I. Ashraf, A. Mehmood, S. Ullah e G. Choi, "Tweets classification on the base of sentiments for US airline companies", Entropy, vol. 21, n.º 11, p. 1078, Nov. 2019.

[13] C. D. Santos and M. G. D. Bayser, "Deep convolutional neural networks for sentiment analysis of short texts," in Proc. 25th Int. Conf. Comput. Linguistics, Aug. 2014,pp. 69-78.

[14] M. Mohamed, "Mineração e mapeamento de consumidores de alimentos halal: A geo-located Twitter opinion polarity analysis," J. Food Products Marketing, vol. 24, pp. 1-22,

Printed by Books on Demand GmbH, Norderstedt / Germany